BEI GRIN MACHT SICH IHR WISSEN BEZAHLT

- Wir veröffentlichen Ihre Hausarbeit,
  Bachelor- und Masterarbeit

- Ihr eigenes eBook und Buch -
  weltweit in allen wichtigen Shops

- Verdienen Sie an jedem Verkauf

Jetzt bei www.GRIN.com hochladen und kostenlos publizieren

Axel Aschmutat

Die Balanced Scorecard in Dienstleistungsunternehmen

GRIN Verlag

Bibliografische Information der Deutschen Nationalbibliothek:

Die Deutsche Bibliothek verzeichnet diese Publikation in der Deutschen National-
bibliografie; detaillierte bibliografische Daten sind im Internet über http://dnb.d-
nb.de/ abrufbar.

Impressum:

Copyright © 2007 GRIN Verlag GmbH
Druck und Bindung: Books on Demand GmbH, Norderstedt Germany
ISBN: 978-3-640-10965-4

Dieses Buch bei GRIN:

http://www.grin.com/de/e-book/112135/die-balanced-scorecard-in-dienstleistungs-
unternehmen

FOM Fachhochschule für Oekonomie & Management Hamburg

Berufsbegleitender Studiengang zum Diplomkaufmann

6. Semester

Seminararbeit im Schwerpunktfach Controlling

Thema:

Die Balanced Scorecard in Dienstleistungsunternehmen

Autor: Axel Aschmutat

Norderstedt, den 02.06.2007

Inhaltsverzeichnis

Abbildungsverzeichnis

1. Einleitung

Das signifikante Wachstum und die Dynamik im Dienstleistungssektor[1] sowie zunehmende Globalisierung und Internationalisierung der Märkte führen zu steigendem Kosten- und Wettbewerbsdruck. Dieser wird dadurch erhöht, dass auch Produktionsbetriebe zunehmend Serviceleistungen wie Wartung oder Schulung anbieten und die Grenzen zwischen Dienst-leistungs- und Herstellerbetrieben somit fließend geworden sind. Dienstleistungsunternehmen sind daher gezwungen, ihre Leistungspotenziale zu überprüfen bzw. neue zu erschließen. Das Gleiche gilt unter Kostengesichtspunkten für staatliche und Non-Profit-Organisationen, deren Finanzressourcen unter dem öffentlichen Haushaltsdruck eingeschränkt sind und bei denen Maßnahmen zur Effizienzsteigerung an Bedeutung gewinnen.

Die Einführung innovativer Management- und Controlling-Konzepte, wie Balanced Scorecard, könnte ein geeigneter Weg sein, wobei die Besonderheiten im Dienstleistungssektor zu berücksichtigen sind.

2. Das Controlling

Controlling verfolgt das Ziel, unternehmerische Entscheidungs- und Steuerungsprozesse abzubilden und zu unterstützen. Zu diesem Zweck werden zielgerichtet Informationen zusammengefasst und zu Kennzahlen verdichtet. Diese sollen in konzentrierter Form über unternehmensrelevante Sachverhalte informieren und Abweichungen von den Soll-Vorgaben aufzeigen. Wegen ihrer hohen Informationsverdichtung sind in der Praxis Kennzahlensysteme enstanden, um die Nachteile isolierter Kennzahlen zu überwinden. Ein solches System ist z.B. die Balanced Scorecard (BSC) [2].

Für den Begriff des Controlling und im Hinblick auf die Zielsetzung und Aufgabenbereiche sind in der Literatur unterschiedliche Definitionsansätze zu finden[3]. Nachfolgend wird die Begriffsbestimmung von *Peemöller* zugrunde gelegt. Danach besteht die Aufgabe des Controlling „in der Unterstützung der Unternehmensführung bei der Planung, Steuerung und Kontrolle durch eine koordinierende Informationsversorgung"[4]. In Anlehnung an die Unternehmensplanung wird zwischen operativem und strategischem Controlling unterschieden mit den formal identischen Grundfunktionen: **Information, Planung, Steuerung und Kontrolle.**

Operatives Controlling ist primär auf die Gewinnsteuerung und Wirtschaftlichkeit betrieblicher Prozesse unter Berücksichtigung der Unternehmensziele ausgerichtet. Ausgehend von den Da-

---

[1] Vgl. Statistisches Bundesamt (2005).
[2] Vgl. *Woratschek/Roth/Schafmeister* (2005), S. 255.
[3] Vgl. *Bruhn* (2005), S. 455f. ; *Peemöller* (2005), S. 34 f. (vergleichende Übersicht).
[4] *Peemöller* (2005), S. 36 .

ten des internen Rechnungswesens (Kosten- und Leistungsrechnung) werden innerbetriebliche Vorgänge transparent gemacht, SOLL-IST-Vergleiche sowie Abweichungsanalysen durchgeführt und ggf. Gegensteuerungsmaßnahmen eingeleitet[5].

Unter strategischem Controlling wird das systematische Erkennen und Beachten zukünftiger Chancen und Risiken verstanden[6]. Sie sind jeweils über funktionale Regelkreise miteinander vernetzt und orientieren sich an der übergeordneten Unternehmenszielsetzung. Die wesentlichen Unterschiede zwischen strategischem und operativem Controlling ergeben sich aus der nachfolgenden Tabelle.

Controlling-Typen Merkmale	Strategisches Controlling	Operatives Controlling
Orientierung	Umwelt und Unternehmung: Adaption	Unternehmung: Wirtschaftlichkeit betrieblicher Prozesse
Planungsstufen	Strategische Planung	Taktische und operative Planung, Budgetierung
Dimension	Chancen/Risiken, Stäken/Schwächen	Aufwand/Ertrag, Kosten/Leistungen
Zielgrößen	Existenzsicherung, Erfolgspotenzial	Wirtschaftlichkeit, Gewinn, Rentabilität

Abbildung 1: Abgrenzung strategisches und operatives Controlling[7]

3. Die Balanced Scorecard

3.1 Konzeption der Balanced Scorecard

Die Balanced Scorecard (BSC) wurde Anfang der 1990er Jahre an der Harvard-Universität von *Robert S. Kaplan* und *David P. Norton* entwickelt und ist ein Kennzahlensystem, das in der unternehmerischen Praxis zunehmende Bedeutung erlangt[8]. Vision und Unternehmensstrategie sind in messbare Zielgrößen zu überführen, die die Basis für das strategische und operative Management bilden. Konzeptionell wird damit versucht, den Defiziten rein finanzieller Kennzahlensysteme zu begegnen und die Umsetzung der Unternehmensstrategie zu verbessern[9]. Sie hat außerdem das Ziel, die Lücke zwischen Strategieformulierung, -entwicklung und -implementierung zu schließen und soll als strategisches Managementsystem die Verfolgung der langfristigen Unternehmensstrategie gewährleisten[10]. Abbildung 1 zeigt den strategischen Handlungsrahmen sowie die zu berücksichtigenden kritischen Managementprozesse:

---

[5] Vgl. *Peemöller (2005)*, S. 111.
[6] ebd.
[7] Horvárth (2003), S. 254; *Peemöller (2005)*, S. 112.
[8] Vgl. *Kaplan/Norton* (1997), S. VIII, 75 ff.; Weber/Schäffer, S. 81 ff.
[9] Vgl. *Kaplan/Norton* (1997), S. VII, 191 ff.
[10] Vgl. *Peemöller* (2005), S. 190 f.

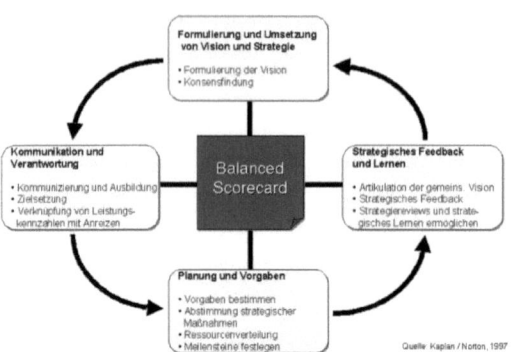

Abbildung 2: Balanced Scorecard als strategischer Handlungsrahmen[11]

Die BSC enthält finanzwirtschaftliche und nicht-monetäre Kennzahlen, die weiter in vor-laufen-de Früh-Indikatoren (Leistungstreiber) und nachlaufende Spät-Indikatoren (traditionelle Ergeb-niskennzahlen) unterteilt werden. „Eine gute BSC sollte aus der richtigen Mischung zwischen Ergebniskennzahlen (Spätindikatoren) und Leistungstreibern (Frühindikatoren) bestehen, die genau auf die Strategie der Geschäftseinheit zugeschnitten wurden[12].“

Da rein finanzwirtschaftliche Kennzahlen zu kurz greifen, ist die BSC um weitere Perspektiven (Werttreiber) zu ergänzen, die für zukünftige wettbewerbsfähige Leistungen relevant sind. Da-bei handelt es sich um Werte, die „durch Investitionen in Zulieferer, Mitarbeiter, Prozesse, Technologien und Innovationen geschaffen werden“ [13]. Die kurz- und langfristigen Ziele und Kennzahlen der BSC werden abgeleitet aus der (meist abstrakten) Vision und Strategie des Un-ternehmens und in materielle Ziele und Kennzahlen übersetzt[14]. Sie wirken konstitutiv und fo-kussieren die Unternehmensleistung aus den in Abbildung 2 gezeigten vier Perspektiven, die den Rahmen der BSC bilden und dem Management einen schnellen Überblick über die ver-schiedenen Geschäftsbereiche vermitteln soll.

---

[11] Vgl. *Kaplan/Norton* (1997), S. 10.
[12] Vgl. ebd.., S. 30, 144 f.
[13] Vgl. ebd., S. 10.
[14] Vgl. ebd., S. 8.

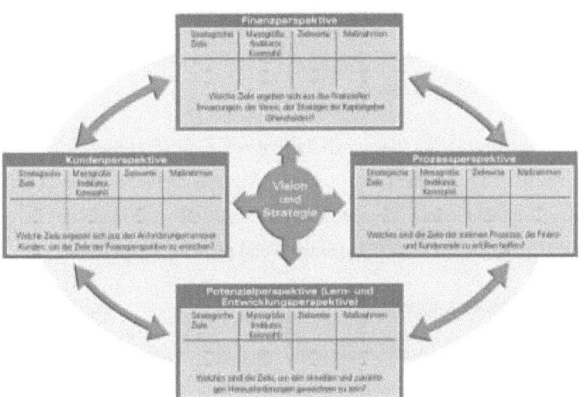

Abbildung 3: Perspektiven der Balanced Scorecard[15]

Jede Perspektive enthält einige Indikatoren, für die Ziele, messbare Kennzahlen[16], Vorgaben und Maßnahmen festzulegen sind. Die Messgrößen werden unterschieden in multiple Leistungskennzahlen für nicht monetäre Indikatoren (lead indicators) und Ergebniskennzahlen für finanzielle Indikatoren (lag indicators)[17].

Die vier Perspektiven stehen nicht isoliert nebeneinander. Deren strategische Ziele werden durch Ursache-Wirkungsbeziehungen über die vier Perspektiven der BSC miteinander verbunden und zu einem umfassenden Netz wechselseitig interdependenter Interaktionsbeziehungen (strategy map) ausgebaut[18]. Dazu wird ein Hypothesensystem zugrunde gelegt, das die Verknüpfung der einzelnen Perspektiven in Form von werttreibenden Ursache-Wirkungszusammenhängen beschreibt. Als Basis dienen die Beziehungen zwischen Zielen bzw. (Ergebnis-) Kennzahlen und sogenannten Leistungstreibern. Den Ursache-Wirkungsketten kommt zentrale Bedeutung für die Unternehmenssteuerung zu[19]. *Schümann/Tisson* weisen darauf hin, dass diese erst dann zur Steuerung (z. B. eines Call Centers) geeignet sind, wenn die hoch aggregierten Kennzahlen der BSC als gesichert im Sinne des Ursache-Wirkungszusammenhangs anzusehen sind[20]. In einer von Kaplan/Norton zitierten Studie über die Service-Gewinn-Kette wird z.B. der Kausalzusammenhang zwischen Mitarbeiterzufriedenheit, Kundenzufriedenheit und Finanzerfolg aufgezeigt[21]. „Eine richtig konstruierte BSC sollte die Strategie einer Unternehmenseinheit

---

[15] Vgl. *Kaplan/Norton* (1997), S. 9.
[16] Vgl. *Kaplan/Norton* (1997), S. 156; Anmerkung: Es wird von vier bis sieben Kennzahlen je Perspektive
ausgegangen.
[17] Vgl. ebd., S. 30, 149 ff.
[18] Vgl. *Kunz/Pfeiffer* (2006), S. 634; *Horvárth/Gaiser/Vogelsang* (2006) , S. 152.
[19] *Vgl. Wall (2001)*, S. 65 ff.
[20] Vgl. *Schümann/Tisson* (2006), S. 138 f.
[21] Vgl. *Kaplan/Norton* (1997), S. 29.

durch solch eine Kette von Ursache-Wirkungsbeziehungen ausdrücken"[22]. Gleichzeitig stellen sie einen kritischen Erfolgsfaktor des Controlling dar, da unrealistische Abbildungen zu Fehlentscheidungen und Fehlsteuerungen führen können[23].

Die Balanced Scorecard ist ein ausgewogenes (balanced) System von Zielen und Kennzahlen, in dem die Balance gehalten werden soll zwischen kurz- und langfristigen Zielen, monetären und nicht-monetären Kennzahlen, Spätindikatoren (Ergebniskennzahlen) und Frühindikatoren (Leistungstreiber), externen und internen Performance-Perspektiven und den vier Perspektiven[24].

3.2 Balanced Scorecard als Managementsystem

Balanced Scorecard unterstützt die systematische Auseinandersetzung mit den Erfolgspotenzialen eines Unternehmens und die Entwicklung einer Strategie. Gleichzeitig liefert sie einen Mechanismus zur Strategieumsetzung in spezifische Ziele und Kennzahlen in den folgenden Perioden[25].

3.2.1 Vision und Strategie

Vision und Strategie sind in einem teamorientierten Prozess durch das Top-Management herunterzubrechen und in spezifische strategische Ziele zu übersetzen. Hierbei sind finanzwirtschaftliche Prioritäten (z.B. Umsatzerlöse und Marktwachstum, Rentabilität oder Cash-flow) zu klären. Hinsichtlich der Kundenperspektive ist zu entscheiden, welche Markt- und Kundensegmente auszuwählen sind. Aus den Finanz- und Kundenzielen werden dann die Ziele / Kennzahlen für die internen Geschäftsprozesse abgeleitet. Herkömmliche Performance-Measurementsysteme legen den Fokus auf die Optimierung von Kosten, Qualität und Durchlaufzeiten für bestehende Prozesse. Demgegenüber analysiert der BSC-Ansatz, welche Prozesse für Kunden und Teilhaber erfolgskritisch sind. Auf diese Weise werden neue interne Prozesse identifiziert, die für eine erfolgreiche Strategie wesentlich sind. Aus dem Bindeglied zu den Lern- und Wachstumszielen ergeben sich wichtige Investitionen in Personalweiterbildung, IT-Systeme und Organisationsverbesserungen. Sie bilden die Grundlage für Innovationen sowie verbesserte kundenorientierte Geschäftsprozesse und tragen damit zu positiven Effekten für Teilhaber bei[26].

---

[22] Vgl. *ebd.*, S. 28 ff., 143 f.
[23] Vgl. *Woratschek/Roth/Schafmeister* (2005), S. 255.
[24] Vgl. *Kaplan/Norton* (1997), S. VII, 10; *Peemöller* (2005), S. 192.
[25] Vgl. *Kaplan/Norton* (1997), S. 36.
[26] Vgl. *ebd.*, S. 11 f.

3.2.2 Verknüpfung und Kommunikation von strategischen Zielen und Maßnahmen

Kaplan/Norton postulieren ein Informationssystem, das allen Mitarbeitern die finanziellen bzw. nicht finanziellen Kennzahlen (aufbereitet) zur Verfügung stellt, um die finanziellen Konsequenzen von Handlungen und Entscheidungen zu verdeutlichen. Für die Managementsicht sollten hierbei die treibenden Faktoren für den langfristigen finanziellen Erfolg herausgestellt werden. Die langfristigen Ziele und Strategien sind an alle Mitarbeiter im Unternehmen zu kommunizieren (z.b. durch Hauszeitschriften, Aushänge, Mailingsysteme oder Intranet)[27]. Als kommunikationsfördernd hat sich die visualisierte Darstellung der Strategy map gezeigt, mit dem die Strategie und das Werttreibermodell gegenüber Mitarbeitern offengelegt werden. Sie verdeutlicht den Zusammenhang zwischen immateriellen Werten (wie Mitarbeitermotivation und –qualifikation) und konkret messbaren Leistungen und der Unternehmensstrategie[28].

3.2.3 Planung, Zielbestimmung und Abstimmung strategischer Initiativen

„Die Balanced Scorecard hat dann die größte Wirkung, wenn sie zu Veränderungen in der gesamten Organisation beiträgt"[29]. In einem Planungshorizont von drei bis fünf Jahren sollten (ausgehend von Kundenbedürfnissen/-wünschen) anspruchsvolle finanzielle Ziele und Scorecard- Kennzahlen festgelegt werden. Diese sind in bezug auf Kunden, interne Geschäftsprozesse sowie Wachstum und Entwicklung zu synchronisieren und anschließend mit strategischen Zielen im Hinblick auf Qualität, Reaktionszeiten und Reengineering-Maßnahmen zu ver-knüpfen. Auf diese Weise soll die Balanced Scorecard kontinuierliche Verbesserungen, Reengineering und Veränderungsprozesse initiieren, um den strategischen Unternehmenserfolg zu sichern. Gleichzeitig können daraus positive Effekte für die finanzielle Leistung entstehen[30].

3.2.4 Strategisches Feedback und Lerneffekte

Dieser Prozess gilt als innovativster und wichtigster Aspekt des Scorecard-Managements. Er überträgt die Idee der lernenden Organisation auf die Managementebene[31]. Mit Hilfe der BSC kann die Unternehmensleitung durch Rückkopplungsprozesse strategiebegründende Hypothesen überprüfen, die Verwirklichung der Strategie überwachen und ggf. anpassen oder grundlegend verändern. Dabei wird unterschieden zwischen dem einfachen Rückkopplungsprozess („single-loop"), der aus dem Regelkreis in Abbildung 2 folgt und dem „double-loop-Lernprozess". Dieser tritt ein, wenn z.B. aufgrund veränderter Marktbedingungen strategische Voraussetzungen und Grundannahmen nicht (mehr) zutreffen. In diesem Fall ist zu klären, ob entweder eine Strategiekorrektur oder die Anpassung von quantitativen Scorecardgrößen notwendig ist.

---

[27] Vgl. *Kaplan/Norton* (1997), S. 8, 12 f.
[28] Vgl. *Horvárth/Gaiser/Vogelsang* (2006) , S. 152, *Schümann/Tisson* (2006), S. 58.
[29] *Kaplan/Norton* (1997), S. 13.
[30] Vgl. ebd., S. 13 f.
[31] ebd.

Die BSC kann grundsätzlich als Instrument zur Entscheidungsunterstützung und Verhaltens-steuerung eingesetzt werden, wobei zwischen internen Zielgruppen (Management und Mit-arbeiter) und externen Anspruchsgruppen (Kapitalgeber, Kunden oder Lieferanten) unterschieden wird. Intern wirkt sie kommunikationsfördernd gegenüber Mitarbeitern, indem die Strategie und das Werttreibermodell in Form einer visualisierten strategy map offengelegt werden. Da auch im Rahmen der externen Berichterstattung zunehmend nicht-monetäre Informationen von Inves-toren nachgefragt werden, publiziert z.b. die Deutsche Bank BSC-basierte Kennzahlen[32]. Aller-dings werden die Grenzen der externen Berichtserstattung darin gesehen, dass diese nicht im handelsrechtlichen Sinne geprüft sind[33].

3.3 Die vier Perspektiven einer Balanced Scorecard

Die von *Kaplan/Norton* entwickelten vier Perspektiven der Balanced Scorecard haben zwar eine empirische Unterlegung, sind jedoch nicht als fixe Vorgabe anzusehen[34]. Vielmehr sind die un-ternehmensspezifischen Gegebenheiten zu berücksichtigen. Dabei ist zu beachten, dass eine Scorecard **nur die Ergebnisse und Leistungstreiber bewerten und messen sollte, die dem Unter-nehmen zu Wettbewerbsvorteilen und herausragenden Leistungen verhelfen.** So kann z.b. für innovative Unternehmen eine Innovationsperspektive oder bei Non-Profit-Organisationen eine Ergänzung der Perspektiven „Spende" oder „Aktionen" geboten sein[35].

3.3.1 Finanzwirtschaftliche Perspektive

Finanzkennzahlen umfassen prinzipiell die Gesamtheit der Zielsetzungen, die sich aus den Er-wartungen der Kapitalgeber ableiten lassen. Sie zeigen an, ob die Unternehmensstrategie zu ei-ner grundsätzlichen Ergebnisverbesserung führt. Im Vordergrund stehen rein finanzielle Ziel-werte, wie Gewinn-, Erfolgs-, Umsatz- und Renditegrößen. Jede Kennzahl sollte Teil der Ursa-chen-Wirkungskette sein, die die finanzielle Leistung verbessert[36]. Auch wertorientierte Kenn-zahlen wie der Shareholder Value (Unternehmenswert) oder Economic Value Added (EVA) lassen sich integrieren. Dennoch ist Balanced Scorecard nicht als Wertmanagement-Konzept im engeren Sinne anzusehen, da wertorientierte Kennzahlen nicht zwingend verwendet werden müssen[37]. Bei der Festlegung finanzwirtschaftlicher Ziele ist der Lebenszyklus einer Geschäfts-einheit und die damit verbundene spezifische Geschäftsstrategie für die Phasen Wachstum, Rei-fe und Ernte zu berücksichtigen[38].

---

[32] Vgl. http://geschaeftsbericht.deutsche-bank.de/2005/gb/risikobericht/kreditrisiko/ausfallrisiko.php.
[33] Vgl. *Kunz/ Pfeiffer* (2006), S. 635.
[34] Vgl. *Weber/Schäffer* (2000), S. 12 ff.
[35] Vgl. *Kaplan/Norton* (1997), S. 33; *Peemöller* (2005), S. 193.
[36] Vgl. *Kaplan/Norton* (1997), S. 46.
[37] Vgl. *Peemöller* (2005), S. 193 .
[38] Vgl. *Kaplan/Norton* (1997), S. 47 ff.

Im Interesse eines effektiven Finanzmanagements ermöglicht BSC auch die Integration einer Risikodimension, um die Balance zwischen erwarteten Kapitalrückflüssen und Risikomanagement zu halten[39].

3.3.2 Kundenperspektive

Diese Perspektive reflektiert die Wahrnehmung des Unternehmens und dessen Marktleistung durch den Kunden. Sie umfasst die Gesamtheit der Ziele, die sich aus dem Absatzmarkt ergeben und geeignet sind, die definierten Zielgrößen der Finanzperspektive zu erreichen. Entsprechend werden die relevanten Kunden- und Marktsegmente identifiziert. Die Kennzahlen nehmen Bezug auf die Kategorien Zeit, Qualität, Produktleistung, Service und Preis. Daneben sind u.a. Kundenzufriedenheit, -akquisition, -treue, und -rentabilität von Bedeutung[40].

3.3.3 Prozessperspektive

Im Vordergrund stehen Anforderungen an die gegenwärtigen und zukünftigen Wertschöpfungsprozesse sowie an erfolgskritische Prozesse mit wesentlichem Einfluss auf die Kundenzufriedenheit. Im Unterschied zu herkömmlichen Performance-Measurement-Systemen werden nicht nur bestehende Abläufe analysiert und optimiert, sondern Innovationsprozesse zur Erfüllung externer Kundenerwartungen generiert. Dem liegt der Annahme zugrunde, dass Wertschöpfung durch Innovationsprozesse günstigere Langzeiteffekte für zukünftige finanzielle Leistungen entfalten als der kurzfristige Handlungszyklus. Voraussetzung für das Ableiten von Messgrößen für die internen Geschäftsprozesse ist die Identifizierung erfolgskritischer Prozesse (Kernprozesse)[41]. Relevante Kennzahlen: Qualität, Produktivität, Zykluszeiten sowie Fertigungs- und Durchlaufzeiten[42].

3.3.4 Potenzialperspektive

Im Fokus dieser Perspektive stehen Zielsetzungen, die auf die Unternehmenspotenziale gerichtet sind. Als Ursprünge einer lernenden und wachsenden Organisation werden Menschen, Systeme und Prozesse angesehen. Dementsprechend steht die Förderung von Innovationspotenzialen im Vordergrund. Die daraus abgeleiteten Zielsetzungen beziehen sich auf Wissensmanagement, Informationssysteme, Motivation, Zufriedenheit und Kreativität von Mitarbeitern, Training und Ausbildung, Firmentreue, Anreizsysteme sowie das Innovationsverhalten des Unternehmens[43].

3.5 Bewertung der Balanced Scorecard

Die Balanced Scorecard setzt Visionen und Strategien mit Hilfe der vier Perspektiven in Ziele und Maßnahmen um. Sie enthält durch die Operationalisierung der strategischen Wertvorgaben

---

[39] Vgl. *ebd.*, S. 49.
[40] Vgl. *ebd.*, S. 24 f., 66; *Peemöller* (2005), S. 193.
[41] Vgl. *Horvárth/Kaufmann* (2006), S. 139.
[42] Vgl. *Kaplan/Norton* (1997), S. 25 f.; *Peemöller(2005)*, S. 194.
[43] Vgl. *Kaplan/Norton* (1997), S. 25, 121 ff.; *Peemöller(2005)*, S. 194.

messbare Kennzahlen für Zielergebnisse, Prozesse und zugehörige Leistungstreiber. Da finanzielle Wirkungen mit den Leistungstreibern über Ursache-Wirkungsbeziehungen mehrdimensional vernetzt sind, gelingt es, die strategischen Ziele im Verhältnis zum aktuellen strategischen Status abzubilden[44].

Durch die Einbeziehung von monetären und nicht-monetären Zielgrößen ist Balanced-Scorecard ein ganzheitlicher Managementprozess, in dem Frühindikatoren die Steuerung von Geschäftsmodellen unterstützen. Durch Ursache-Wirkungsbeziehungen werden Wirkungszusammenhänge zwischen den einzelnen Unternehmenszielen deutlich. Aufgrund ihrer Systematik liefert BSC die Legitimation für Maßnahmen und Verantwortlichkeiten.

Nach *Kunz/Pfeiffer*[45] werden *Vorteile* in dem institutionellen Rahmen der BSC gesehen, der

- sich in einem mehrdimensionalen Ansatz um die Verbindung zwischen strategischem und operativem Management bemüht
- die Unternehmensleitung dazu anhält, über Ursache-Wirkungszusammenhänge von Werttreibermodellen nachzudenken
- die Strategieumsetzungsdiskussion durch die Festlegung von Bewertungsmaßstäben objektiviert
- die interne und externe Kommunikation unterstützt.
-
- *Kritische Aspekte und Nachteile* werden u.a. darin gesehen, dass das BSC-Konzept

- nicht auf einer ausgereiften Theorie, sondern auf Gestaltungsempfehlungen beruht
- im Hinblick auf den Erfolg und die Wirkung nicht empirisch belegt ist und zahlreiche empirische Messprobleme noch als ungelöst gelten, weil eine fundierte empirische Überprüfung der Ursache-Wirkungszusammenhänge oft nicht möglich ist
- keine Konfliktlösungsmechanismen und strategische Prämissenkontrollen vorsieht.

4. Dienstleistung und Dienstleistungsunternehmen

Der Anteil des tertiären Sektors an der Bruttowertschöpfung betrug in Deutschland im Jahr 2004 fast 70% mit über 71% der Erwerbstätigen. Dies zeigt den signifikanten Wandel zur Dienstleistungsgesellschaft und die volkswirtschaftliche Relevanz von Dienstleistungsunternehmen. Der Dienstleistungssektor ist durch eine hohe Dynamik gekennzeichnet.[46]

---

[44] Vgl. *Kaplan/Norton* (1997), S. 8, 27; *Peemöller* (2005), S. 192.
[45] Vgl. *Kunz/Pfeiffer* (2006), S. 638; *Woratschek/Roth/Schafmeister* (2005), S. 257 f.
[46] Vgl. Statistisches Bundesamt (2005).

Dienstleistungen sind im Unterschied zu Sachgütern immaterielle wirtschaftliche Leistungen, die weder lager- noch transportfähig sind[47]. Für die Begriffe Dienstleistung und Dienstleistungsunternehmen sind in der Literatur unterschiedliche und uneinheitliche Definitionsansätze zu finden. Nachfolgend wird die Definition von *Fischer* zugrunde gelegt[48]. Danach sind Dienstleistungen „Prozesse, bei denen ein unmittelbarer Kontakt zwischen dem Leistungsgeber bzw. dessen Objekt und dem Leistungsnehmer bzw. dessen Objekt stattfindet. Das Ergebnis dieses Prozesses kann immateriell oder materiell sein. Ein Dienstleistungsunternehmen hat die Fähigkeit und Bereitschaft Dienstleistungen zu erbringen."

Die folgende Übersicht zeigt die erkannten Merkmale von Dienstleistungen[49]:

Merkmale von Dienstleistungen	Anmerkungen
Heterogenität	hoch
Immaterialität	●keine Lager- oder Vorratshaltung, Produktion u. Absatz synchron (**Uno-Actu-Prinzip**) ●unregelmäßige Personal- + Kapazitätsbeanspruchung
Personalintensität	Im Regelfall hohe Bereitschafts- und ggf. Leerkosten
Externer Produktionsfaktor	Leistungsnehmer intensiv am Dienstleistungsprozess beteiligt, dadurch schwer planbar und kalkulierbar
Hohe Gemeinkosten	durch Personalintensität
Preisgestaltung	zum Teil eingeschränkt durch staatlich fixierte Gebührenordnungen
Integrativität	integrative Dienstleistungen, soweit die **Person des Leistungsnehmers** in den Dienstleistungsprozess integriert ist. Je integrativer die Dienstleistung desto wichtiger ist die Qualifikation des Leistungsgebers hinsichtlich Kontaktfähigkeit, Einfühlungs-vermögen, Vertrauenswürdigkeit, Improvisationsvermögen etc.
Potenzialdimension	Fähigkeit und Bereitschaft Dienstleistungen zu erbringen
Prozessdimension	Tätigkeit des Dienstleisters am Kunden oder dessen Objekt
Ergebnisdimension	Materielles oder immaterielles Ergebnis der Dienstleistung

Abbildung 4: Merkmale von Dienstleistungen

Zusammenfassend stellt *Fischer* fest, dass industrielle Controllingkonzepte nicht auf Dienstleistungsunternehmen wegen deren Besonderheiten übertragen werden können. Daraus ist die Forderung nach einem speziellen Erfolgs- und Finanz-Controllingsystem abzuleiten, das die prozessorientierten Strukturen von Dienstleistungsunternehmen berücksichtigt, um die Rentabilität, Liquidität und Unternehmensexistenz zu sichern[50].

Wegen der Besonderheiten von Dienstleistungen gestaltet sich die Steuerungsfunktion des Controlling in Dienstleistungsunternehmen schwieriger als in Produktionsunternehmen.

Die Produktion von Dienstleistungen erfordert den Einsatz von Leistungsfähigkeiten aufgrund von bereit gestellten Ressourcen (**Potenzial**), die mit dem vom Kunden eingebrachten externen

---

[47] Vgl. Gabler (1998), S. 64.
[48] *Fischer* (2000), S. 46 ff.
[49] Vgl. *ebd.*, S. 42 ff.
[50] Vgl. *Fischer* (2000), S. 244.

Faktor kombiniert werden (**Prozess**) und bei diesem eine Nutzen stiftende Wirkung erzielen (**Ergebnis**). Erstellungsprozess und Leistungsergebnis sind durch hohe Immaterialität (Intangibilität) gekennzeichnet, wobei der Produktionsprozess die Kundenbeteiligung (Integrativität) erfordert. Für das Controlling und den Einsatz einer Balanced Scorecard folgt daraus, dass die Einzelphasen des Dienstleistungsprozesses (Potenzial, Prozess, Ergebnis) besonders zu berücksichtigen sind. Aufgrund der Kundenbeteiligung ist die Kundenperspektive in das Potenzialcontrolling einzubeziehen. Die permanente Aufrechterhaltung der Leistungsbereitschaft stellt spezifische Anforderungen an Kostenrechnung und Kostenmanagement[51].

Die folgenden konstitutiven Merkmale von Dienstleistungen werden als Kernpunkte für die Problemstellungen des Dienstleistungscontrolling gesehen. Von besonderer Bedeutung sind die nur schwer kalkulierbaren externen Faktoren, die bei der Leistungserstellung zu integrieren sind[52].

●*Mangelnde Lagerfähigkeit* bedingt eine permanente Aufrechterhaltung der Leistungsfähigkeit. Hieraus erwachsen u.a. Probleme in der Kostenzurechnung, da die Leistungsbereitstellung zu einem hohen Fixkostenanteil führt. Nachfrageschwankungen haben nachteilige Folgen für die Effizienz des Personaleinsatzes.

●Durch die Integration des *externen Faktors* besteht nur eine eingeschränkte Automatisierungsmöglichkeit und damit hohe Personalintensität bei der Leistungserstellung. Aufgrund der Interaktion mit Kunden sind soziale Kompetenzen relevant, so dass Personalcontrolling besonderen Stellenwert hat.

●Aus der *Immaterialität* des Leistungsergebnisses ergibt sich eine geringere Transparenz für den Leistungsvergleich und die Leistungsbeurteilung. Deshalb sind Kennzahlen für eine zielorientierte Steuerung des Qualitätsmanagements erforderlich.

Im Dienstleistungsbereich ergeben sich daraus für die Kostenrechnung und das Kostenmanagement folgende Problemfelder[53]:

●Aus der Dominanz der Bereitschaftskosten resultieren das Fixkostenproblem und das Gemeinkostenproblem.

●Nachfrageschwankungen bewirken ein Kapazitäts- und Leerkostenproblem.

●Durch die Integration externer Faktoren ergeben sich Planungs-, Steuerungs- und Dokumentationsprobleme.

●Da industrielle Kostenstrukturen fehlen, ergibt sich ein Kostenstellenproblem.

●Die Individualität der erbrachten Leistungen führt zu Kostenträger- und Quantifizierungsproblemen.

---

[51] Vgl. *Bruhn* (2005), Vorwort.
[52] Vgl. *Bruhn* (2005a), S. 5 ff.
[53] Vgl. *Reckenfelderbäumer* (1998), S. 397.

5. Balanced Scorecard in Dienstleistungsunternehmen

5.1 Die Balanced Scorecard im Profit-Bereich

Die Balanced Scorecard ist grundsätzlich auch für Dienstleistungsunternehmen geeignet, da deren Besonderheiten durch spezifische Kennzahlen in Bezug auf die Beziehungs-, Prozess- und Potenzialorientierung (z.b. Fachwissen und Kundenkenntnisse) abgebildet werden können[54]. Allerdings wird auch deutlich, dass die BSC unternehmensspezifischer Modifikationen bedarf, um als effektives und effizientes Steuerungssystem eingesetzt werden zu können. Aufgrund der Heterogenität von Dienstleistungen wird insbesondere in den Grundstrukturen eine Überprüfung und Anpassung an die unternehmensspezifische Wertschöpfungslogik postuliert, da bei der Wertschöpfung im Dienstleistungsbereich andere Ursache-Wirkungszusammenhänge vorliegen als bei Industrieunternehmen. Deshalb werden alternative Wertschöpfungskonfigurationen in Form von modifizierten Wertketten, Wertshop (für problemlösende Unternehmen) und Wertnetz (für intermediäre Dienstleister) zur Diskussion gestellt. Diese repräsentieren verschiedene Unternehmensfunktionen mit einer eigenständigen Wertschöpfungslogik. Insoweit stellt sich auch die Frage, ob bestehende Kennzahlensysteme die unternehmensspezifischen Ursache-Wirkungszusammenhänge hinreichend abbilden[55].

Die BSC geht prinzipiell von der Wertschöpfungslogik nach Porter (1985) aus, mit Ausnahme von Forschung & Entwicklung, die in primäre interne Prozesse verlagert wurde[56]. Deshalb ist zu hinterfragen, ob Dienstleistungen ebenfalls der Logik dieser Wertkette folgen. Nach dem Ergebnis der Analyse von *Woratschek/Roth/Schafmeister* greift die grundlegende Struktur der Wertkette für viele Dienstleistungsunternehmen zu kurz. Das Gleiche gilt für die auf dieser Struktur basierenden Kennzahlensysteme[57]. Daraus wird die Forderung abgeleitet, die Wertschöpfungslogiken in Dienstleistungsunternehmen stärker zu differenzieren und in spezifische BSC-Typen und Kennzahlensysteme einzuteilen. Auch die strategische Relevanz von Mitarbeitern, deren Qualifikation besonders im Dienstleistungsbereich wesentlich ist, kommt in der klassischen Scorecard nicht hinreichend zum Ausdruck. Aus wissenschaftlicher Sicht ergibt sich daraus die Frage, ob idealtypische Ursache-Wirkungszusammenhänge identifiziert werden können, die als Standardtypen für die Wertschöpfung verschiedener Organisationen geeignet sind. Für Anwender wäre dies eine Orientierungshilfe die zeigt, nach welchem Muster die Wertschöpfung in ihrem Unternehmen verlaufen könnte[58].

Schümann/Tisson formulieren die These: „Die Balanced Scorecard ist eine geeignete Grundlage für die Entwicklung eines Call-Center-Controlling-Modells, weil sie die Unternehmensstrategie

---

[54] Vgl. *Bruhn (2005a)*, S. 23.
[55] Vgl. *Woratschek/Roth/Schafmeister* (2005), S. 255 ff., 262.
[56] Vgl. *Kaplan/Norton* (1997), S. 94 f.
[57] Vgl. *Woratschek/Roth/Schafmeister* (2005), S. 271.
[58] Vgl. ebd., S. 258 f.

mit dem operativen Call-Center-Bereich verzahnen kann und neben finanziellen auch nicht-finanzielle Indikatoren berücksichtigt."[59] Aufgrund der Anspruchsgruppen und Erwartungen an ein Call Center wurde hier die Anzahl der Perspektiven bedarfsspezifisch auf drei begrenzt: KUNDEN, UNTERNEHMER und MITARBEITER[60]. Im Vordergrund der **Kundenperspektive** steht die Wahrnehmung der Kommunikationsleistungen des Call Centers durch Kunden, wobei als Qualitätskriterien die Erreichbarkeit, Freundlichkeit oder Kompetenz verwendet werden. In der **Mitarbeiterperspektive** wird die Arbeitszufriedenheit als wichtiges Element für die Kommunikation und Gesprächsqualität und damit als Einflussfaktor für Geschäftszahlen hervorgehoben. Die „Strategic Readiness" der Mitarbeiter wird von *Kaplan/Norton* als Grundvoraussetzung für die Umsetzung von Unternehmensstrategien angesehen[61]. In der **Unternehmsperspektive** geht es primär um wirtschaftliche Aspekte im Kontext mit dem festgelegten Strategierahmen. Für die Darstellung der Wirkungszusammenhänge von Kennzahlen wird ein pragmatisches Verfahren in Form von grafischen Darstellungen und Matrizen vorgeschlagen.

5.2 Die Balanced Scorecard in staatlichen und Non-Profit-Organisationen

Die Balanced Scorecard kann auch in staatlichen und Non-Profit-Organisationen zur strategischen Ausrichtung dienen. Dabei wirkt sie motivations- und verantwortungsfördernd durch die gemeinsame Aufgaben- und Zweckerfüllung. Der Aktionsradius ist durch feste Budgetvorgaben beschränkt, während sich der Erfolg derartiger Einrichtungen in der Regel nicht an der Ausgabenpolitik messen lässt. Dennoch vermittelt die BSC externen Stellen sowie Mitarbeitern die Ergebnisse und Leistungstreiber, mit deren Hilfe die Organisation ihre strategischen Zielsetzungen anstrebt[62]. In Deutschland sind verschiedene öffentliche Institutionen (z.B. Bundeswehr, Polizei, Kliniken, Pflegedienste), Städte, Kommunen sowie Non-Profit-Organisationen (wie Kirchen oder Sportvereine) mit der Einführung der BSC befasst[63]

Aufgrund der wachsenden Dynamik und Umweltkomplexität wird die BSC im öffentlichen Bereich als notwendig und systemtheoretisch begründbar angesehen[64]. *Budäus* schlägt einen modifizierten Bezugsrahmen mit fünf Perspektiven vor[65]: Finanzen, Produkte/Prozesse, Bürger/Umfeld, Politik/Ziele/Ressourcen, Mitarbeiter/Personal. Sie sollten als strategisch relevante Gestaltungsfelder in strategische und operative Messgrößen unterteilt werden und Grundlage für ein öffentliches Managementsystem sowie öffentliches Controlling sein.

Öffentliche Verwaltungen sind dem Gemeinwohl verpflichtet. Während in der Privatwirtschaft die Finanzperspektive dominiert, tritt sie in der öffentlichen Verwaltung hinter den Gemein-

---

[59] *Schümann/Tisson* (2006), S. 57.
[60] Vgl. ebd, S. 67 ff.
[61] Vgl. ebd, S. 62.
[62] Vgl. *Kaplan/Norton* (1997), S. 25, 173 ff.
[63] Vgl. *Scherer* (2002), diverse Beiträge.
[64] Vgl. *Budäus* (2002), S. 330.
[65] Vgl. ebd, S. 328 ff.

wohlgedanken zurück. Ausgehend von dieser Grundüberlegung schlägt *Scherer* einen Ansatz mit vier Perspektiven vor[66]:

- **Wirtschaftlichkeit und Gesetzmäßigkeit**

  Im Vordergrund steht die Frage, welche rechtlichen Restriktionen zu beachten sind, um den gesetzlichen/politischen Auftrag zu erfüllen.

- **Gemeinwohlorientierung / Bürgerperspektive**

  In dieser Perspektive geht es um die Frage, welche bürgerorientierten Ziele erreicht werden müssen, um die politische Vision zu erfüllen.

- **Lernen und Entwicklung**

  befasst sich mit der Frage, wie Prozesse laufend verbessert und weitere politische Spielräume zur Erhöhung des Gemeinwohls aufgebaut werden können.

- **Interne Verwaltungsprozesse**

  Diese Perspektive befasst sich mit der Prozessoptimierung, um Bürgerinteressen besser zu befriedigen.

Durch eine logisch-pragmatische Verknüpfung der Perspektiven entsteht eine Zweck-Mittel-Kette, die aufzeigt, durch welche Mittel die Umsetzung der Strategie ermöglicht werden soll und wie deren Überwachung anhand von Kennzahlen erfolgen kann[67].

Problembereiche der BSC-Anwendung werden u.a. wie folgt gesehen[68]:

- **Strategie als Vorgabe**: Die BSC setzt eine festgelegte Strategie voraus, was in öffentlichen Institutionen häufig nicht der Fall ist. Die BSC kann jedoch den Strategieformulierungsprozess unterstützen.

- **Bürokratisierung der Organisation**: Ein umfangreiches Kennzahlensystem mit Maßnahmen und Regeln kann zu einer Übersteuerung der Organisation führen und innovationshemmend wirken.

- Mit der BSC wird ein komplexer **Organisationsentwicklungsprozess** initiiert, der eine grundlegende Umgestaltung der Organisationsstruktur und der personalpolitischen Instrumente erfordert. Dies gilt für den Abbau bürokratischer Strukturen sowie für die Einführung eines modernen Personalmanagements in Verbindung mit Anreizsystemen, deren Einführung im öffentlichen Bereich als problematisch angesehen wird.

---

[66] Vgl. *Scherer* (2002), S. 18 f.
[67] Vgl. ebd., S. 19.
[68] Vgl. *Scherer* (2002), S. 20.

6. Schlussbetrachtung

Die Balanced Scorecard verfolgt das Ziel, die Lücke zwischen Strategieformulierung, -entwicklung und -implementierung zu schließen und soll als strategisches Managementsystem die Umsetzung der langfristigen Unternehmensstrategie unterstützen. Durch die Einbeziehung von monetären und nicht-monetären Zielgrößen und Kennzahlen handelt es sich um einen ganzheitlichen Managementprozess, in dem Frühindikatoren die Steuerung von Geschäfts-modellen unterstützen. Die BSC ist auf diese Weise geeignet, die Unternehmensstrategie zu operationalisieren, darzustellen und zu kommunizieren. Dies gilt grundsätzlich auch für Dienstleistungsunternehmen, da deren Besonderheiten durch spezifische Kennzahlen in Bezug auf die Beziehungs-, Prozess- und Potenzialorientierung abgebildet werden können. Allerdings werden hierfür Modifikationen diskutiert. Aufgrund ihrer Heterogenität wird für Dienstleister die Entwicklung von idealtypischen Standardtypen als Orientierungshilfe vorgeschlagen.

7. Literaturverzeichnis

I Monographien

Fischer, R. (2000): Dienstleistungs-Controlling, Grundlagen und Anwendungen, Wiesbaden, 2000

Horvárth, P. (2003): Controlling, 9. Aufl., München, 2003

Kaplan, R. S. / Norton, D. P. (1997): Balanced Scorecard, Strategien erfolgreich umsetzen, aus dem Amerikanischen von *Péter Horvárth, Beatrix Kuhn-Würfel, Claudia Vogelhuber*, Stuttgart, 1997

Peemöller, V. H. (2005): Controlling, Grundlagen und Einsatzgebiete, 5. Aufl., Berlin, 2005

Schümann, F./Tisson, H. (2006): Call Center Controlling, Ein Modell für die Planung, Kontrolle und Steuerung von Kundenservice-Centern, 1. Aufl., Wiesbaden, 2006

Weber, J. /Schäffer, U. (2000): Balanced Scorecard & Controlling, Implementierung – Nutzen für Manager und Controller – Erfahrungen in deutschen Unternehmen, 2. Aufl., Wiesbaden, 2000

II Aufsätze / Artikel in Sammelwerken, Kommentaren, Festschriften

Bruhn, M. / Stauss, B. (2005): Dienstleistungscontrolling, Forum Dienstleistungsmanagement, Wiesbaden, 2005

Bruhn, M. (2005a): Dienstleistungscontrolling für Nonprofit-Organisationen in: *Bruhn, M. / Stauss, B.* (2005): Dienstleistungscontrolling, Forum Dienstleistungsmanagement, Wiesbaden, 2005, S. 453 - 486

Budäus, D. (2002): Strategisches Management in öffentlichen Verwaltungen – Zur Funktion und Leistungsfähigkeit der Balanced Scorecard als strategisches Planungs- und Managementkonzept in: *Scherer, A. G. / Alt, J. M.* (Hrsg.). Balanced Scorecard in Verwaltung und Non-Profit-Organisationen, Stuttgart, 2002, S. 319 - 338

Gabler Kompakt-Lexikon Wirtschaft, 7. Aufl., Wiesbaden (1998)

Horvárth, P., Gaiser, B., Vogelsang, P. (2006): Quo vadis Balanced Scorecard? Implementierungserfahrungen und Anregungen zur Weiterentwicklung in: *Hahn, D./ Taylor, B.* (Hrsg.): Strategische Unternehmensplanung – Strategische Unternehmensführung, Stand und Entwicklungstendenzen, Heidelberg, 2006, S. 151 - 172

Horvárth, P., Kaufmann, L. (2006): Beschleunigung und Ausgewogenheit im strategischen Managementprozess – Strategieumsetzung mit Balanced Scorecard in: *Hahn, D./ Taylor, B.* (Hrsg.): Strategische Unternehmensplanung – Strategische Unternehmensführung, Stand und Entwicklungstendenzen, Heidelberg, 2006, S. 137 - 150

Kunz, A., Pfeiffer, T. (2006): Handelsblatt Wirtschaftslexikon, Das Wissen der Betriebswirtschaftslehre, Band 2, Aufwand und Ertrag – Consultingunternehmen, Stuttgart (2006), S. 633 - 639

Reckenfelderbäumer, M. (1998): Marktorientiertes Kosten-Management von Dienstleistungs-Unternehmen in: *Meyer, A.* (Hrsg.): Handbuch Dienstleistungs-Marketing, Band 1, S. 397, Stuttgart, 1998

Scherer, A. G. (2002): Besonderheiten der strategischen Steuerung in Öffentlichen Institutionen und der Beitrag der Balanced Scorecard in: *Scherer, A. G. / Alt, J. M.* (Hrsg.): Balanced Scorecard in Verwaltung und Non-Profit-Organisationen, Stuttgart, 2002, S. 3 - 25

Wall, F. (2001): Ursache-Wirkungsbeziehungen als ein zentraler Bestandteil der Balanced Scorecard in: Controlling, 13. Jg. (2001), S. 65-74

Woratschek, H./Roth, S./Schafmeister, G. (2005): Dienstleistungscontrolling unter Berücksichtigung verschiedener Wertschöpfungskonfigurationen – Eine Analyse am Beispiel der Balanced Scorecard in: *Bruhn, M./Stauss, B. (Hrsg.)*, Dienstleistungscontrolling, Forum Dienstleistungsmanagement, Wiesbaden, 2005, S. 254 - 274

http://www.destatis.de/presse/deutsch/pk/2005/dienstleistungen_i.pdf ,Veröffentlichung des Statistischen Bundesamtes: Dienstleistungen in Deutschland, Entwicklung und Ergebnisse 2003/2004, Stand 01.06.2007

http://geschaeftsbericht.deutsche-bank.de/2005/gb/risikobericht/kreditrisiko/ausfall-risiko.php Stand 01.06.2007